Die Geräusche beim Abstellen von Dingen
Nikolas Huperz

Impressum
Geschrieben von Nikolas Huperz, geb. am 11.08.1987 in Attendorn.
Entstanden in den Jahren von 2011 bis 2016.
Zeichnung: Elena Brushinski
Alle Rechte vorbehalten.
Copyright: © 2016 Nikolas Huperz
Herstellung und Verlag:
BoD – Books on Demand, Norderstedt
ISBN: 9783741266546

Inhalt

Ohne Titel	5
Land in Sicht	6
Stadtpark oder: Die Armee der Hasen	8
Lila-Abend-Licht	9
Die Chance	10
Ballade	11
Das Lyrische Du	13
Februar-Blues	14
Das Nähkästchen des Brontosaurus	15
Die Geräusche beim Abstellen von Dingen	16
Puppenkopf	18
Bushaltestellen-Blues	19
Die vom Aussterben bedrohten Worte	20
Der Nachbar	21
Der Ausbruch	24
Kurznachricht	26
Hirngleichgewicht	27
Zehn Minuten	29
Nachtverliebt	30
Rendezvous	31
Chanson de l'amour	32
Tiefschwarz	33
Introversion	35
Öm	38
Die schwarzen Helikopter	39
Warten auf den Bus	40
Betreten eines Raumes	41
Improvisation	42
Silvestertag (ein Standbild)	43
Neujahrsnachmittag	45
Badetag	46
Sommerabend	48
Wenn wir uns erinnern …	49
Ein blauer Himmel	50

Frösche an Land	51
Der erste Tag im Frühling	52
Komische Welt	54
Night Train	55
Das Ertasten des Nebels	56
Käfigabdecktuch	59
Frühjahrsputz	60
Ode an die Affen	62
Der Einheitsmensch	63
Des Imperators Trompeter	64
Nachtschicht	65
Gewächshaus	66
Aphorismen	67
Das Licht scheint auf den Tisch	68
Truck-Store	69
Förderturm	71
Nachtigall und Killervogel	72
Tintenfass läuft aus!	73
Fauler Mann auf Couch	75
Rom	76
Gesellschaftsbild	78
Küss den Ring	79
Ich und mein Zukunfts-Ich!	80
Freitagabend	81
Verschärft	82
Du implodierst!	83
Leer	84
Weltfoto	85
Vor dem Fenster	86
Zeit zu gehen	87
Tagesgleichgewicht	89

Ohne Titel

Ich seh in deine Augen,
wie sie jeden Ausdruck scheuen,
anti-expressionistisch,
wie ein Landschaftsbild,
gedankenlos,
uninspiriert
und haltlos,
verlaufen in der Welt,
nur einen Katzensprung entfernt
vom Wahnsinn,
den die Leere mit sich bringt,
als wenn alles ein Traum wäre,
abhängig vom eignen Gemüt,
abhängig von der Gefühls-Konjunktur,
von einer Vielzahl an Farben,
die Hirn und Herz annehmen können,
von einem Potenzial,
von einem Was-Möglich-Wäre,
frei von einem Sinn-Verlangen,
frei von jedem Antrieb,
jeder Motiv- und Inspir-ation.
Allein auf dem Planeten,
der sich dreht,
die Perspektive raus-gezoomt
ins All,
einsam stehst du da
und winkst.

Land in Sicht

Ich bin ein Gefangener
meines eigenen Stils:

hier-Name-einsetzen;

sehe passive Menschen,
die auf ihr Glück warten,

doch die Züge haben Verspätung,
lassen auf sich warten,

ein warmes Getränk
versus kalte Hände,
ein ungleicher Kampf
am frühen Abend.

Eine Fahrt von Ost nach West,
mittelschnelles Rauschen,
beschleunigt auf einige km/h,
die Gedanken potenziert.

Ein langsames Einfahren
in den Bahnhof und

Sonnenuntergang.

Einsames Nichts,
hallende Gedanken
in die Luft gerufen
wie ein Outlaw ...

... in der Wüste
zwischen Blech-
Kaffeebüchse und
Pferd als Gefährt.

Unweigerlich der Gedanke
an einen Strohballen,
der von Seite zu Seite weht,
leere Straßen und die Schritte

verklingen.

Betonwüste, Hbf,
wie eine Rettungsboje,
wie ein *Land in Sicht!*
nach 15 min auf See.

Was auch immer einen
guten Kaffee ausmacht,

die Aussicht beim Trinken machts.
Ich bin meine eigene Perspektive,

zu Hause hinter den eigenen Augen,
eine Existenz im Beobachtungsmodus.

Rückfahrt

Häuserschlucht,
Tankstellen-
nachtschalter,
leere Straßen und die Schritte

hallen, hallen, en, en, . . .

Stadtpark oder: Die Armee der Hasen

Umzingelt von einer Armee aus Hasen,
vergeht der Tag in Lethargie
und der Vögelchor in Stereo brilliert
mit einem neuen Stück,
dort im Stadtgarten,
wo die Tage länger sind
und ein Mensch nur stören kann.
So marode die Bank auch ist,
auf der man sitzt,
so unwahrscheinlich gedankenlos
ist man auch,
als wäre nichts verwerflich,
nichts Unrechtes geschieht
dort, wo die Hasen immer näher kommen,
sich zusammenrotten,
sich zum Angriff wappnen,
wie ein ganzes Bataillon,
das ohne General ist,
ohne Waffen und Politik.
Bereit zur Plüsch-Invasion,
formieren sie sich,
operieren unabhängig
und tarnen sich mit Niedlichkeit.

Lila-Abend-Licht

Schwarz gefärbter Himmel
teilt sich durch ein Violett,
das die Wolken spaltet,
als wenns Befugnis hätt.

Schlecht gemähter Rasen
wird vom Mondlicht nun bestrahlt,
so hat das Violett
ein Bild vor mir gemalt.

Weiß gefärbte Straßenleuchte
strahlt den Himmel an,
so, dass man das Phänomen
schon von Weitem sehen kann.

So vermischt sich alles,
bis das Bild sich komplettiert
und sich selbst zu guter Letzt
den Kontrast verschmiert.

So lauert der Moment
in den Falten des Gewohnten
und die Silben voller Sinn
sind so oft die Nicht-Betonten.

So vergeht auch dieser Abend
und so wird er zur Geschichte
als dieser eine Abend
mit dem Lila-Abend-Lichte.

Die Chance

Du greifst nach der Chance
in durch-die-Wüste-irrender
Verzweiflung, du hebst sie auf
und nimmst sie mit,

wie eine Flasche Vitamindrink
nach einer langen Nacht,
von der man weiß,
dass sie leer ist.

Faszinierend und atemberaubend,
mit dramatischer Musik dabei,
ist der Griff danach,
den man trotzdem tätigt.

Es ist der Automatismus,
der zu Gast ist bei dir
und eigentlich
verehrst du ihn.

Du suchst nach etwas,
das sich gesund anfühlt,
als wäre sonst nichts,
was getan werden müsste,

doch der Vitamindrink
ist leer und die Nacht vorbei,
so beginnt die Tragödie
an einem Sonntagnachmittag.

Ballade
(an einem verregneten Frühlingssonntag)

Weil du, holde Maid,
mir einen Pfeil geschenkt hast,
wird mein Alltag zur Farce,
ist die Routine disqualifiziert,
ist mein Fortleben blockiert.

Weil du, blauer Engel,
nun der Maßstab bist,
an dem ich alle anderen messe,
ist mein Herz reserviert,
letztendlich dem Kitsch verpflichtet.

Weil du, Maß aller Dinge,
meine Gedanken kontrollierst,
aus der Ferne bestimmst,
meine Moralinstanz geworden bist,
fehlt mir der Erfolg der Gefühle.

Weil du, glorreiche Heldin,
mein Idealbild verkörperst,
bin ich, tragischer Narr,
nur noch ein Teilchen im Gefüge,
orientierungslos im Chaosprinzip.

Weil du, treue Kumpanin,
der Inbegriff des Anstands bist,
bin ich nur halb so viel wert
wie an dem Tag, bevor wir uns trafen,
bis dahin war alles neutral.

Weil du, Numero Uno,
mir den Weg verbaust,
den ich mir selbst geschaffen habe,
selbstbetrügerisch und einfältig,
steckt mein Gemüt in der Warteschleife.

(Please hold the line!)

Weil du, Prinzessin der Logik,
keinen naiven Prinz wolltest,
vielmehr aber einen Robin Hood,
reite ich nun durch den Wald
und warte auf den Überfall.

Weil du, wichtigster Mensch,
mir meine Naivität nahmst,
bist du letztendlich zu dem geworden,
was ich selbst einst war:
mein Lieblingsmensch.

Das Lyrische Du

Hey, Lyrisches Du!
Was machst du grade,
woran denkst du,
an mich,
an den Sonnenuntergang,
wo du ihn verbringen willst,
was er für dich bedeutet,
ob du ihn liebst
oder vielleicht doch eher mich,
was ist dein Begehr,
was ist dein Inneres,
kann man es berühren
oder gibst du nur deine Oberfläche,
warum bist du so,
kann man dich ändern,
würd ich das wollen?

Was könntest du alles sein,
wandlungsfähig,
wie eine Mädchenpuppe,
Karriere-Baby,
Stewardessen-Baby,
Hausfrauen-Baby,
Irgendwas-Baby,
Hauptsache Baby,
keine Persönlichkeit,
kein Mensch,
nur ein niedliches Ding,
wie ein Accessoire,
doch du bleibst du,
bleibst in deiner Art,
ach, Lyrisches Du,
mit deinem holden Antlitz!

Februar-Blues

Februar-Blues
und ein muffiger, deutscher Geruch
in jedem Etablissement.

Jazz-Klavier im Restaurant.
Ein Hauch von Weltgewand,
ein Hauch von Vision.

Mittagszeit an einem Samstag
und ein typisch deutsches Gericht:
Spaghetti und labbrige Gedanken.

Zu viele Menschen, zu wenig Platz
und Untersetzer aus Kork
auf einem Beistelltisch.

Ein typisch deutscher Name,
der durch den Raum hallt,
wie nach einer Autoreparatur.

Der 50er-Jahre-Anstrich
im Verhalten der Menschen.
Eine Stadt voller Frettchen.

Durch und durch bürgerlich,
keine Grazie im Land.
Unterdrückte Fantasie.

Ein Nazibaby
auf dem Ultraschallbild.
Neue deutsche Spießigkeit.

Eine verhaltensgestörte Irre
läuft lachend durch die Stadt.
Wer ist der Verrückte hier?

Das Nähkästchen des Brontosaurus

Aus einem viel zu großen Nähkästchen
erzählt dir dein Gehirn,
wie ein einsamer Brontosaurus.

Da ist ein flimmerndes Fernsehlicht,
das dich anleuchtet in der Dunkelheit,
wenn du faul auf deiner Couch liegst.

Tief im Innern erkennst du in dir
den verrückten Wissenschaftler
mit der fragwürdigen Kreation.

Mit der stereotypen Melancholie
eines 90er-Jahre-Sommers,
wie Plastik in matten Neonfarben.

Ein halb aufgegessenes Sandwich
liegt einsam auf dem Beistelltisch,
so frisst du Dinge in dich rein.

Eine zerfledderte Zeitung im Müll.
Die viel zu fette Druckerschwärze
dient dir mit reichlich Inspiration.

Irgendwann, denkst du dir,
irgendwann kreierst du dein Monster
und schickst es los ins Dorf.

Die Geräusche beim Abstellen von Dingen

Der Raum ist still und jeder Gedanke
verhallt sofort, verklingt, so wie die
Geräusche beim Abstellen von Dingen.
Die Unordnung der Welt drückt von

außen gegen die frisch gestrichenen
Fassaden. Erst versteht man ein Wort
nicht mehr, danach die ganze Welt.
Doch man fragt auch nicht, wegen des

Egos und der vielen, vielen Grün-
de, von denen man glaubt, dass sie
wichtig wären. Wenn der Unverstand
nur einen Katzensprung entfernt ist

und selbst ein Richter die Worte
nicht mehr versteht, versteht sich
niemand mehr und man steht wieder
am Ende, bevor ein neuer Anfang

kommt, bis man irgendwann dazulernt.
Wir leben in einer Wiederholung,
dieses Mal in Farbe, und der neue
Anstrich steht uns gut, was wichtig ist,

wegen der Eitelkeit und weil wir
modebewusst sind, doch wir miss-
verstehen nur und müssten es besser
wissen. So ruft man zum sportlichen

Ehrgeiz auf, zur Hoffnung auf eine
Verbesserung der Aufmachung des
nächsten Teils in Sachen Handlungs-
verlauf, doch wie soll das gehen,

wenn niemand mehr ein Drehbuch schreibt?
Wie ein niedrig frequentierter Straßen-
verkehr an einem Feiertag, wo nur hier
und da ein Auto das Wasser auf den Bürger-

steig spritzen lässt, was niemandem etwas
ausmacht, weil keine Passanten unterwegs
sind, die es stören könnte. Wie ein
bewusstes Wahrnehmen, eines neuen Möbel-

stücks, das irgendwo im Raum steht und kaum
bemerkbar wäre, wenn es nicht neu riechen
würde. Wie ein neues Bild an der Wand,
die sonst noch völlig unbehangen war.

Puppenkopf

Kleiner Mensch,
ein armer Tropf.
Einz'ger Freund:
ein Puppenkopf.

Kleiner Mensch,
kommt selten raus.
Nimmt Portrait:
malt Augen aus.

Und er hält
in kleiner Hand
ein Stück Putz
von seiner Wand

und er malt
mit kleiner Hand
mit dem Putz
auf seine Wand.

Dorthin, wo
es dunkel ist,
damit man
ihn nie vergisst.

Bushaltestellen-Blues

Dam, Damdam, Dam, ...

Der letzte Dodo
sitzt auf einer Bank,
sieht auf die Stadt
und er fragt sich:

Wie lang ist es her,
dass der Sommer
noch warm war,
wie lang ist das her?

Der letzte seiner Art
spendiert sich selbst
was vom Imbiss, um
es filmreif zu machen.

Die Hauptstraße wirkt
stillschweigend anre-
gend, wie ein leiser Bach
irgendwo im Nichts.

Wo kommen sie her,
wo fahren sie hin,
fahrn sie nach Plan
oder nach freiem Sinn?

Der letzte Dodo bedau-
ert, doch will nicht zurück
zum Blues, wo er doch
den Jazz spielen kann.

Tss, Tss, TssTss, ...

Die vom Aussterben bedrohten Worte

Die Kopiermaschinen laufen.
Keine Ganovenehre unter Dichtern.

Da sitzen die Pappnasen
an einem süffigen Tisch,

zücken den Füllfederhalter
und halten sich für Tausendsassa,

schreiben irgendeinen Mumpitz,
gesammelte Schnapsideen usw.

von bedrohlichen Posaunenstößen
bis zur Friedensharfe.

Es sind miesepetrige Gesellen,
gefühlsduselige Eremiten.

Sie pflegen die vom Aussterben
bedrohten Worte

mit der Liebe zum Detail
und viel Effekthascherei.

Der Nachbar

Der Nachbar singt nicht mehr.
Er schweigt.
Fern von den Tönen
gibt es nur Klänge
von Gläsern, die abgestellt werden,
von Türen, die knallen,
von Geschirr, das klappert,
usw. klingt der Alltag
in den immer gleichen Tönen,
klingt von Tür zu Tür
und gibt täglich eine
Vorstellung zum Besten.
Kein Tenor, kein Sopran,
kein psychodelisches Gekrächze,
nur ein Klangtheater
der Alltagsgegenstände,
nur ein gelangweiltes Kratzen
am Mikrofonkorb,
nur ein gedankenloser
Moment ohne Schaffensdrang
in Gewöhnlichkeit,
in der Statik,
in Monotonie.
Gedankensprung.
Um 12 Uhr gibt es Mittag.
Ich komme damit klar,
vergebe mir selbst.
Die löchrigen Schuhe
und die nassen Socken
stehen in einem starken Widerspruch
dazu.
Gedankensprung.
Um 7:30 Uhr am Morgen
hört man Stöckelschuhe

auf dem Weg zur Arbeit.
Da ist kein Teppich
im ersten Stock.
Die Revolution
hat keine Fahnen.
Nur eine leichte Melancholie.
Auf der verzweifelten Suche
nach Normalität,
nach dem Nicht-Mehr-Anders-Sein,
das den anderen so leicht fällt.
Wenn es doch nur
keine Scheinwelt wäre.
Angst vor der Welt da draußen,
drum bleiben die Jalousien unten.
Der Wind hämmert dagegen,
von außen,
von irgendwo kam er her.
Gedankensprung.
Kennenlernen in der Nachbarschaft,
Gartenpartys mit Punch.
Immer die alten Floskeln
und verschwitztes Händeschütteln
in den Vorgärten,
die das eigene Profil zur Schau stellen.
Letztendlich sind es Fassaden
zur bürgerlichen Trennung
von Freund und Fremd.
Gedankensprung.
Nachts klackert ein Licht
in der Nebenstraße
– von der Turnhalle
unten im Keller.
Dann ist es wieder aufregend
und gefährlich.
Gedankensprung.
Das Schreibpapier ist begrenzt,
so wie auch der Tag,

doch er hält an
und so auch das Papier.
Der Schrecken ist nicht mehr gegenwärtig
– von parkenden Autos,
welche plötzlich die Motoren starten,
wenn man daran vorbei geht
– von plötzlich aus der Dunkelheit
auftauchenden Menschen,
welche nur rein zufällig
denselben Heimweg haben.
Doch dann räkelt man sich
und die Gelenke knacken.
Danach ist alles anders.
Die Wahrnehmung war nur getrübt
und jetzt ist es verschieden,
besser,
geordneter.
Jetzt strahlt die Nacht,
umgeben von den Tagen,
und der Asphalt spiegelt
das Straßenlaternenlicht.
Wie man sich doch dagegen wehrt,
dass es für manches keine Wörter gibt.
Es riecht nach Kunstleder
– die Gutheit der Unechtheit.
Wenn Neologismen vonnöten sind,
ist Sprache bereits rostig.
Wenn man sich über sie lustig macht,
ist man selbst bereits ein Hohlkopf.

Der Ausbruch

Wie ein schwacher Akku
liegt die Stimmung im Raum,
als wären die Tage ohne Netzteil,
ohne das hochauflösende Bild.

Der Nutzen des Handelns
ist nicht groß genug für ein Tun,
denn die Bequemlichkeit
wird zur Trägheit transformiert.

Wie ein schwaches Licht
von zu wenig Glühbirnen,
als wären einige ausgefallen,
liegt ein Sack auf der Couch.

Der Gedanke an ein Tun,
an eine Konzentration
auf ein Problem,
fliegt in Eile durch das Zimmer.

Wie eine Fliege ohne Plan
irrt der Gedanke durch den Raum,
fliegt planlos von einer Ecke
zur anderen und zurück.

Man erkennt kein Muster
in den Flugbahnen des Gedankens,
doch man probiert es weiter,
wegen der Neugier im Kopf.

Wie ein fauler Waschbär
liegt die Neugier auf dem Tisch
gleich nebenan und fragt
die Fragen dieser Welt.

Man erkennt keine
Notwendigkeit dieses Tuns,
aber es scheint von Bedeutung,
ohne den Schein der Routinen.

Wie ein gedankenloser Marsch
liegen die Routinen zu Tage,
die man täglich begeht,
ohne den Traum vom Ausbruch.

Also machst du einen Plan
für den Ausbruch,
versteckst einen Löffel,
um einen Tunnel zu graben.

Wie ein guter Stratege
hängst du vorher ein Poster
vor die Stelle,
damit es nicht jeder mitkriegt.

So liegst du in kurzer Zeit
schon am Strand von Mexiko
mit einem Cocktail in der Hand
in grenzenloser Freiheit.

Kurznachricht

Ein alternativer Schlafstil,
versöhnliche Heimorgel-Klänge,
ein Gleichnis, eine seltsame
Geschichte und ein Ochsenbild
an der Wand.
Kaum zu überhören sind die
Warnungen im Radio beim
Frühstück, nachdem der Hahn
gekräht hat und die
Kaffeemaschine einer Sanduhr
zum Verwechseln ähnlich war.

Wo sind die Minuten von eben,
die nicht zu überhören waren?
Hatten sie einen Sinn
oder waren sie einfach nur da?
Was ist denn Existenz?
Ein schiefer Akkord
mitten in einem Lied
oder aus einer Stille heraus?
Oder ist die Existenz ein Septakkord?
(einer von denen, die immer
nach Geborgenheit klingen)

Erzählt die Eule vom Menschen,
wenn sie singt?
Was denkt sie von uns, die,
die immer skeptisch guckt,
als wären wir ihr nicht geheuer?
Wieso ist sie so?
Macht es nicht depressiv
mit der Zeit?
Warum, wieso, weshalb?
So viele Wörter
für ein und dasselbe.

Weswegen?

Hirngleichgewicht

Ein stiller Moment umgibt mich, das
Schreibtischlicht gibt Energie und
die bedrückende Ruhe, die sonst
immer in der Luft liegt wie

Ziegelsteine, ist gerade nicht da.
Und so gleitet der Blick auf das
Papier, das sich langsam mit Tinte
füllt. Was war noch gleich ein

Gedicht? Müssen die sich reimen?
Dabei suche ich nach etwas
Unverschachteltem, nach etwas,
das einfach nur da ist, den

Moment fotografiert, sich selbst
entwickelt, dessen Existenz schon
genügt. Die Unverfänglichkeit des
Moments bettet mein Hirn in

Wohlgefallen. Ich versuche,
möglichst nichts zu verändern, um
das Gleichgewicht nicht zu stören.
Wie selten sind Momente wie

dieser in geballter Klarheit und
in der Mitte, wie ein Seiltänzer,
wie eine Wasserwaage, wie ein
Maurerlot oder wie ein Hirn-

gleichgewicht. Sonst sind da immer
Mauern und Brücken und das ständige
Gefühl, nicht verstanden zu werden.
Sonst ist da immer das Gefühl,

Gedanken haben zu müssen beim
Warten der Maschinen oder beim
Stempeln der Stechuhr. Sonst muss
alles schnell gehen. Sonst muss

alles geplant sein. Ach, manchmal
schreit man danach und plötzlich
ist es still. Da ist jetzt kein
Gebimmel von der Straßenbahn. Keine

Tauben fliegen um einen herum. Und
diese dummen Blicke der Leute, die
sind gerade nicht anwesend. Die
Kontrolleure sind nicht da.

Man kann machen, was man will.

Zehn Minuten

Manchmal bekommt man zehn Minuten
vom System,

weil man warten muss
auf irgendetwas.

Dann steht man da und denkt sich beirrt:
„Was nun?

Was kann man machen
in zehn Minuten?

Was tut man sonst in zehn Minuten?
Etwas sortieren,

was längst fällig war,
seit irgendwann?"

Warum weiß man nicht mehr weiter,
wenn man

zehn Minuten bekommt
vom System?

Nachtverliebt

wegen der Kühle der Nacht.
Die Augen schmerzen nicht mehr,
sie heilen.
Das Gefühl
eines nachlassenden Schmerzes.
Panorama-Blick:
Neonlichter
streicheln die Dunkelheit,
doch penetrieren sie nicht.
Momentaufnahme:
Farben wie im Farbkasten,
nur matter.
Nachtverliebt
wegen des Panoramabilds.
Sind so viele Menschen,
die so vieles tun
und vergehn
in der Bedeutungslosigkeit
der Nacht.
Der Trubel in der Ruhe
und das Gefühl,
den Tag
schon gemeistert zu haben.
Die meisten
sind schon schlafen gegangen.
– Doch man selbst: carpe noctem!
Nachtverliebt
wegen des Kreativschubs
und der anhaltenden Konzentration.
Weil man unsichtbar ist.
Man pflegt
einen mystischen Kult
um die Nacht.
Ach, was hetzen die Menschen
sich ab – am Tag!
Mit all ihrer Hoffnung
im Alltag,
der sich verkriecht in der Nacht,
doch die Hoffnung zurücklässt.

Rendezvous

Rendezvous.
Ach, du sagst:
„Ich bin ja so und so …
Du musst wissen …
Und überhaupt …
Ich möchte viel erreichen,
doch nicht viel dafür tun.
Ich möchte reisen!"
Ich sage:
„Lass mich raten …
… Australien?"
„Woher weißt du das?",
fragst du.
„Aus Gewohnheit",
sage ich.

Chanson de l'amour

Von l'amour keine Spur;
was machst du nur?
Du bist auch mes amies,
doch auch Darling irgendwie!

Chérie
– das ist nicht der fromage de Paris!
C'est une baguette
d'Einkaufsstraße – trotzdem nett!

Qu'est que c'est?
– C'est la vie mit Tomaten drauf!

Tiefschwarz

Tiefschwarz
ist die Nacht,
die sich kaum
zu atmen traut.
So still ist sie.
So still
wie schneegedämpfte
Akustik im Frühjahr,
wenn die Sätze
länger werden.
Kaum Unordnung
ist erkennbar
in den Gefügen
des Natur-Gemäldes
in 3D,
das man bewandert.
Ländliches Nichts
und Alles zugleich.
Merkwürdige Präsenz
und keine Vögel singen
am Morgen,
selbst die Autobahn
gibt Ruh,
als wäre man
allein,
doch ohne jedes
Missfallen.
Durch Rausch betäubte
Depression,
wenn die Wörter
zu Ende geschrieben werden,
auch wenn man
bereits gedenkt,
sie anders zu setzen.

Nur die eigenen
Schritte auf Asphalt,
der nur dezent
die Natur
durchquert.
Da ist kein Nebel,
da sind kaum Wolken,
die das Mondlicht dämpfen.
— So tiefschwarz
ist die Nacht dann
doch nicht.
Nur zaghaft.
So vergeht das
Bedauern,
so vergeht
die Dynamik
für einen kurzen
Moment.
Irgendwo in Neutralität,
zwischen Tragik
und Komödie,
im Gleichgewicht
für kurze Zeit,
auf dem Weg
in ein besseres Sein.

Introversion

Wir sind sicher
hier
irgendwo im Nichts.
Außerhalb
ihrer blockierten Welt
leben wir
aneinander vorbei,
halten uns
für klüger,
doch verkümmern
sozial,
ohne
Vereinsleben,
ohne
Vorstadtsiedlung,
ohne
automatisches Garagentor.
Wir decken uns zu,
gegenseitig,
mit Melancholie,
die uns besonders macht
und doch
so gewöhnlich,
leben in einer Schleife,
die uns
sonderbar
scheint,
verkümmern
im Alltag
und vergeben
uns dabei.

Wir sind sicher
hier
irgendwo
in gigantischen,
verlassenen
Häuserschluchten,
in einer Stadt,
in der jeder
zu schlafen scheint,
grundlos,
einfach so,
geschützt
sind wir
durch den Fortbestand
der Sinnlosigkeit,
während
die Schlafenden
am Leben
festhalten,
am Swimmingpool
im Garten,
am Geräteschuppen
hinterm Haus,
am Automobil,
das öfter geputzt
als gefahren wird.
Wir gehen
absichtlich Umwege,
erkunden die Welt,
während die Schlafenden
sie studieren.

Wir sind sicher
hier
in der Abgeschiedenheit,
die wir uns
einreden,
mitten in Betonwüsten
unter Tausenden,
doch im Grunde
allein
in einem Zimmer,
an einem
Schreibtisch
mit Stadtblick,
unbeachtet,
unbeachtend,
aber
beobachtet
und beobachtend.
Wir sind Outlaws
– die Uhr am falschen Arm,
verschieden-farbige Socken,
yeah,
und natürlich
Sonnenbrillen bei Nacht,
ein Talent
existiert für uns nicht,
nur die Begeisterung,
auch füreinander.
Auf der verzweifelten
Suche
nach der eigenen Rolle.

Öm

Wohlgefällig richtest du
den Spiegel nach oben
und lehnst dich zurück
mit den Tränen Kolumbiens
in der Tasse.

Was hast du getan
damals,
wird es heißen
in der Zukunft,
dann sagst du *öm*.

Die schwarzen Helikopter

Ich höre Stimmen
aus dem Universum.
Die Alufolie wirkt nicht mehr.
Ich flüstere zu mir selbst.
Leise flimmert der Fernseher,

sie lügen uns an.
Der Mond, als wenn schon mal
jemand dort gewesen wäre.
Das Fenster ist vernagelt
und die Tür ist fest verriegelt.

Trotzdem hört die Regierung mit,
über meine Armbanduhr.
Sie streben nur nach Macht
und sind dabei skrupellos.
Sie sehen mich als Gefahr,

weil ich sie durchschaue.
Ich brauche mehr Folie,
muss mich beeilen,
bevor noch mehr Zeit vergeht
und die schwarzen Helikopter kommen.

Warten auf den Bus

Warten auf den Bus
im Regen
mit aufgespanntem Schirm.
Kein Blick auf die Uhr,
denn ein nasser Hund
tippelt vorbei,
mit nassem Fell
und Schlappohren.
Bitte haben Sie
noch einen Augenblick
Geduld!
Warten auf den Bus
an einem Nachmittag.
Es ist Mittwoch,
so wie gestern.

Betreten eines Raumes

Beim Betreten eines Raumes
suchst du die Ecke,
die Holzbank mit Ausblick,
meidest die Begeisterung,

kippst die Speisekarten um,
sortierst sie neu,
stellst die Ausgangsform
wieder her.

Beim Warten auf den Kellner
vertreibst du dir die Zeit,
vergisst du die Zeit,
bezweifelst ihre Existenz.

Philosophie:
Ein fortlaufender Versuch,
die Gegenwart zu verwalten,
bestimmt meine angeborene Existenz,

wie ein Wettlauf
mit dem eigenen Schatten:
Man muss das Licht ausmachen,
um ihn zu überholen.

Die Kreise werden schmaler.
Ich bin mein eigener Mangel
an Inspiration. Eigentlich
ist es Unsinn. Unsinn, so

wie Suppe im Liegen essen,
denn wenn alles auf maximale
Reflexion steht, läuft der
Fehlersuchdurchlauf auf

kurz vor Systemausfall.
Was ist meine Perspektive?
Ein Lauern hinter den Augen
vielleicht.

Improvisation

Ein vorzeitiger Silvesterschuss
am Himmel verhallt wie ein
melancholischer G-Moll-Akkord.
Ein gedankenverlorener Schuss

in den Himmel reicht schon aus,
um ein Bild zu zeichnen
– und warum auch nicht, selbst
wenns nichts bringt? Wie eine

dahin-gespielte Improvisation,
die keiner hört und die sofort
wieder verklingt. So und nicht
anders klingen die Töne in die

Nacht und verstummen allmäh-
lich im Orbit. So wie eine Wunder-
kerze kommt der Blitz und so
geht er wieder aus nach einer

Weile. Das Bariumnitrat wächst
wieder nach und so zerschießt
sich alles in der Luft, wie ein
gedankenverlorener Schuss

in den Himmel, wie ein vorzeitiger
Silvesterschuss am 26.12. – wie
der Schlussakkord einer
Improvisation.

(Fade Out)

Silvestertag (ein Standbild)

Ein Tag wie ein Standbild,
das alte Gefühle wachrührt,
sodass die Stimme im Kopf
wieder anfängt zu reden,

wie ein nerviger Hausgast,
der die Schuhe nicht abtritt
und das Getränk demonstrativ
neben den Untersetzer stellt.

Wehmütige Rückblicke,
schlagartig wie Flashbacks,
mit hektischer Musik unterlegt
und eine drückende Stille danach.

Die Stimme redet weiter:
Was-Wäre-Wenn-Gedanken,
die eigene Unzulänglichkeit
und der Unverstand.

Einsamkeit in einem
vollen Raum mit Freunden,
Unbehagen in einer
Wohlfühlzone.

Die Dunkelheit am Tag
und die Rastlosigkeit in der Nacht.
Das Gefühl, ständig
Tugenden zu verletzen.

Alles das ist gerade da,
benimmt sich daneben
im eigenen Kopf
und stolziert herum.

Ein Abend wie ein Standbild.
Es ist noch früh
und die Stimme bleibt
über Nacht.

Morgen will sie Frühstück
für einen
gesunden Start in den Tag
und einen angemessenen Abschied.

Das verlangt die Höflichkeit,
die immer so wichtig ist.
Damit noch etwas Anstand ist
in einer chaotischen Welt.

Neujahrsnachmittag

01.01. – 15:31 Uhr:
Ein Zug rollt
entlang der Schnapsleichen,

entlang der Spaziergänger.
Ein hellblauer
Neujahrsnachmittag

ohne Schuld und Sühne,
ohne Gedanken
oder ein Leeregefühl.

Hier entsteht ein Gedicht.
So mache ich
ein Foto vom Moment.

Zum Später-Mal-Angucken,
zum Nachfühlen
oder zum Damit-Angeben.

Badetag

I

Weißes Frühlingsrauschen,
wie ein Spaziergang am See,
wie ein leises Lauschen
ist der Winter passé.

Du hörst nicht mehr zu
und singst selbst in die Stille.
Da draußen bist du
und siehst Vögel in Fülle.

Entlang eines Weges
gehen die Leute,
entlang eines Steges,
zum Baden heute.

II

Hier und da schießt ein Motor
vom Motorradclub am Imbiss,
beim Verlassen des Gebiets,
auf dem Weg zum Asphalt.

Dort, wo wieder Autos sind,
ist der See nicht weit, doch
liegt zurück und wartet sehn-
süchtig auf ein Wiedersehn.

Brummig bellt ein Biker
und das Wetter ist
wolkig bis heiter
mit freier Sicht.

III

Zurück in der Zivilisation,
wo die Bildschirme flimmern.
Da, wo ich wohn,
hör ich Fliegen wimmern.

Dort ist grade frisch gestrichen,
weshalb ich vorsichtig bin.
Denn die Farbe war verblichen
und *so* hats mehr Sinn.

Sommerabend

Ein Akkord aus zirpenden Grillen
schrillt sich durch den Abend.
Eine Horde Moskitos in der Luft
soliert ein Lied darüber.
Verhaltensgestört schwirren sie
durch den Abend, ohne Rücksicht
und ohne einen konkreten Anlass,
als hätten sie nichts Besseres zu tun.

Der warme Sommer liegt in der Luft,
wie eine viel zu tief fliegende Wolke,
wie ungefährliche Rauchschwaden,
als läge die Zeit still seit Stunden
und ruhte sich aus in der Landschaft
mit vielen, vielen stillen Momenten
und vielen, vielen Geheimnissen,
mit denen sie sich umgibt.

Zusammen hängen sie einfach ab,
die Zeit und ihre Geheimnisse,
lachen über die Menschen,
wie sie sich abstrampeln,
wie sie sich bemühen,
obwohl es egal wäre,
zwar irgendwie existent,
aber nicht wichtig.

Wenn wir uns erinnern ...

Wenn wir uns erinnern
an eine jüngere Version
von unsrer eigenen Person,
trübt die Zeit das Bild
und man erinnert sich
an den Frühlingswind
der Jugend, nicht aber ...

... an die Hauptstraße,
auf welcher dicke LKW(s)
die Stille des Frühlings
durchschneiden und
einen spüren lassen,
dass man in einer
Industriewelt lebt.

... an die Puppe mit den
geschwärzten Augen,
die Stille des Denkens,
das Schuldgefühl
und die zahlreichen,
verträumten Tage und
die Nächte ohne Schlaf.

... an den fehlenden Sinn,
der durch Abwesenheit
glänzt und funkelt,
ein einzigartiger Diamant,
wie ein Sinnbild für die
Bedeutungslosigkeit
der Kindheit.

Ein blauer Himmel

Der Unverstand siegt
über die Klarsicht eines blauen Himmels.
Die Weitsicht wird trüb
durch des Nebels dichten Schleier.

Die Druckerschwärze
malt ein Bild grenzenloser Ignoranz.
Der Moment verliert an Bedeutung
und die Zukunft wird in Angst verpackt.

Es ist dauerhaft wann anders,
dass man sich entfalten kann,
in ferner Zukunft,
wenn der Himmel wieder blau wird.

Die Gedankenlosigkeit
findet weitläufig Akzeptanz.
So vergeht der Moment
im Schaffensdrang.

So läuft die Stille Post,
staatlich kontrolliert,
von wenigen gezeichnet
ist das Weltbild, das dich prägt.

Frösche an Land

Regen im Frühling,
wie ein kleiner Mini-Herbst,
der die
Bedeutungslosigkeit der Dinge
zeigt.

Der Duft steigt auf
vom Asphalt,
welcher schützt
vorm Schlamm,
wie ein Steg,

an welchem Boote anlegen.
Wassernebel wie Dampf
auf der Straße,
auf den Bürgersteigen
und den großen Plätzen

steigt auf.
Tropfen sammeln sich
in Blättern an Bäumen,
welche sich nur manchmal
entleeren,

wenn ein Tropfen
zu viel ist.
Wenn es nass genug ist,
kommen die Frösche an Land,
sie mischen sich unters Volk.

Der erste Tag im Frühling

Frühjährliche Schwermut
wie die sechste Stunde in der Schule.
Weiche von mir, elendes Gefühl!
Ist nicht deine Jahreszeit!
Frühjährlicher Hochmut
lässt mal wieder auf sich warten.
Komme zu mir, tragendes Gefühl!
Wär mal langsam an der Zeit:

Brauche eine Welle,
die ich reiten kann.
Brauch sie auf die Schnelle,
dass ich gleiten kann.
Will fort von diesem Ort,
der sich mir melancholisch zeigt.
Dieser Spätwinter betrübt mich,
bin längst Neuem zugeneigt!

Gib mir Freiheit, gib mir Segen,
doch bloß nicht diese Sicherheit!
Und es fällt ein letzter Regen,
erst einmal für lange Zeit.
Schreibe etwas Kitsch,
der mir die Sicherheit verbietet
und so, auf neuen Wegen,
neue Ordnung mir gebietet!

Lass mich träumen, lass mich schwelgen,
stets in neuer Ordnung nun!
Jetzt such ich mir neue Helden,
die nicht reden, sondern tun.
Völlig gleich sind mir die Regeln,
auch die der Grammatik, jetzt.
Brauch das echt nicht länger haben,
wie man sonst durchs Leben hetzt.

Frühjährliche Schwermut
wird durch Hochmut nun ersetzt,
sodass sich meine Haltung
längst an Schönerem ergötzt!
Will den ganzen schönen Dingen,
die bedeutungslos erscheinen,
einen Mehrwert nun erschaffen,
bis die Wolken wieder weinen.

Frühjährliche Sehnsucht,
die die Tragik unterstreicht,
nach etwas Unbekanntem,
das als Erfolg schon reicht,
um am Ende dieses Jahres
einen Rückblick zu genießen,
wenn die Wolken ohne Rücksicht
die Erde neu begießen.

Aufgescheucht zu Neuem,
rastlos und gehetzt,
stolpert man durchs Frühjahr,
mit Begierde nach dem *Jetzt*,
panisch und verwirrt
und auch noch verletzt dabei,
sucht man den Moment,
doch läuft in Eile dran vorbei.

Komische Welt

Komische Welt,
komische Gedanken über sie.
Konsum vertreibt die Zeit,
macht es angenehmer:
Weizenbier hier,
Kaffee und Kuchen da.
Machen, was halt alle machen,
dazugehören,
bürgerliches Gefühl,
kein Versager sein
im Innenstadtcafé
oder im Kino,
nicht allein zu Hause sitzen,
die Einsamkeit vertagen,
sich die Zeit vertreiben,
bevor wieder die Gedanken kommen.
Einkaufsliste schreiben,
Gedicht schreiben,
arbeiten,
wieder die Zeit vertreiben.
Lesezeichen basteln,
einkaufen gehen.
Letztendlich
die Zeit vergessen,
letztendlich
Verdrängung,
Zivilist sein,
Eiscafé mit Zimtröllchen,
Verniedlichung des Essens,
kleine Milchdöschen
und Bürgertum.

Night Train

Da steht ein Barhocker ...

... in der Kneipe alleine,
hat vier Beine
und steht hinten
an der Wand.

Zeitsprung

Der Abend ist rum
und die Nacht zieht vorbei.
Jetzt sitzt du da
– verdächtig.

Alleine die Freude
über einen freien Sitzplatz
und der Gedanke
an den nächsten Tag.

Die Musik geht aus,
denn der Akku ist leer.
Die Leute reden
im Nachtzug.

Zeitsprung

Du stolperst
durch verregnete Straßen
– im Lebenstaumel,
der dich leitet.

Sing mir ein Chanson,
das nach Frankreich klingt,
nach Toulouse
oder nach fromage.

»Sing mir ein Chanson
aus Fronkreisch:
Comme on fait son lit,
on ce couche!«

Das Ertasten des Nebels

Du hörst Musik
und du hörst ein Gefühl.
Schlaflos
ist das neue Abgefuckt.
Nur eine leichte Synästhesie.
Dazu etwas Kratzen
vom Schallplattenspieler.
Dazu das Dahin-Plätschern
im eigenen Hirn,
wie die Gedanken
leise über den letzten
Quellstein fließen.
Letztendlich sind sie
bedeutungslos
für die anderen,
die nicht man selbst sind.

Du siehst ein Bild
und du siehst eine Szene.
Verrücktheit
ist die neue Fantasie.
Nur ein leichter Wahnsinn.
Dazu ein paar Bilder
vom Flohmarkt.
Dazu die neuen Motive
im eigenen Hirn,
wie die Gründe
sich leise versammeln
und die Revolution vorbereiten.
Letztendlich sind sie
harmlos,
wenn man sich selbst
zum Rädelsführer erklärt.

Du ertastest den Nebel
und du fühlst eine Form.
Einbildung
ist das neue Förmchen.
Nur eine kleine Sandburg.
Dazu ein paar Außenposten
von Hand geformt.
Dazu die Architektur
der Festung,
wie sie uneinnehmbar ist,
keinen Zweifel lässt
und sich immer neu erfindet.
Letztendlich ist sie
harmlos,
weil sie nur
der Verteidigung dient.

Du riechst das Frühjahr
und du riechst eine Zeit.
Nostalgie
ist das neue Laster.
Nur eine leichte Wehmut.
Dazu ein paar Details
von früher.
Dazu die Bilder
im Kopf,
wie sie eine Szene
arrangieren
und ein Daumenkino formen.
Letztendlich sind sie
harmlos,
wenn man sie sich nicht
allzu lange anguckt.

Du schmeckst einen Bissen
und du schmeckst ein Gefühl.
Sinnlichkeit
ist der neue Geschmack.
Nur eine leichte Freude.
Dazu nur eine minimale
Hysterie.
Dazu das
Nicht-Existieren der Zeit.
Dazu ein Moment des Hochmuts,
viel besser
als dauerhafter Größenwahn.
Der Geschmack ist letztendlich
bedeutungslos
für die anderen,
die nicht man selbst sind.

Käfigabdecktuch

Der stumpfe Sinn aus
widerlichen Mündern,
der wandert schnell ins
ungeputzte Ohr.
Von schweineköpf'gen
widerlichen Gründern,
da geht so manches
schiefe Wort hervor.
Ihr Atem riecht nach
widerlicher Fäule;
die nimmt so manche
Nase sehr schnell auf.
So satteln manche
militante Gäule
und steigen gleich per
Steigbügel herauf.

Doch mancher muss sich
schleunigst isolieren,
so wie er hat ge-
rochen den Gestank,
von anzugtrag'nen
glattgeschmierten Viren,
die schnell ihm machen
Ärger und auch Zank.
So muss er ins Ex-
il nach freiem Willen;
so nimmt er sich als
Warnung den Geruch,
so kann er ihr Ge-
krächze endlich stillen,
wie mit einem
Käfigabdecktuch.

Frühjahrsputz

Ach, wenn früher alles besser war,
wie war es dann erst in der Kreidezeit?
Trotzdem frisst der Herbst sich ins Frühjahr
und dauert inzwischen schon ein Jahr an.

Die Warteschleife neigt sich dem Ende zu,
so auch die überaus fragile, gestörte Geduld.
Am besten wäre ein Eimer Eis auf der Couch,
doch das wäre zu jämmerlich und stereotyp.

Es ist wohl doch keine Frage des Zeitalters,
wenn wieder ein leichter Sturm kommt
und die Vorräte grade erschöpft sind.
Schlechtes Timing. War das alles eine Lüge?

Auf der Suche im eigenen Fehlerkasten.
Vielleicht haben wir vieles übersprungen.
Wie furchtbar schnell wir Kumpanen waren,
wie schnell schon aneinander-gewöhnt.

Der Laiendarsteller zu sein, im eigenen Film,
ist ein unangenehmes Unterfangen,
wenn man unbeholfen sich selber spielt
in einer Story mit reichlich Rückblenden.

Wenn früher wirklich alles besser war,
war es vielleicht doch phantastische Illusion.
So unwahrscheinlich ähnlich man sich auch ist,
so unerträglich verschieden ist man auch.

Also, wo bist du grade, was machst du nur?
Und mit wem, geht es dir wirklich gut damit?
Alle Eventualitäten gepuzzelt und abgedeckt,
kleben die Hirn-Teilchen an der Zimmerdecke.

Jede Ablenkung ist längst schon strapaziert,
bis zur Wirkungslosigkeit erschöpft,
und ich weiß, es geht dir nicht viel besser,
nur minimal, durch die Gewöhnlichkeit.

Ach, was genau war nochmal alles falsch?
War etwa mein Blick nicht eindeutig
oder nicht zwei- bis mehrdeutig genug?
Warum bist du so kompliziert wie ich selbst?

Hier und da vielleicht ein falsches Wort
bereitete keine nachhaltigen Probleme,
aber ihre Summe formte ein falsches Bild.
Für was hältst du mich inzwischen?

Wer bin ich wohl jetzt grade in deinen Augen?
Weil ich mehr, laut Definition, sowieso nicht bin.
Fremddefiniert und wie ein Käfer auf dem Rücken
hab ich doch selbst den ersten Stein angestupst.

Gestern gabs noch Seelenverwandtschaft,
heute nur noch das Nicht-Einsam-Sein-Wollen,
die sogenannten Gemeinsamen-Interessen,
als ginge es nur um den privaten Selbstschutz.

Geht es uns denn nur um den Selbstzweck,
um die Optimierung unseres Daseins?
Gibt es keine Liebe auf den ersten Blick,
die auch auf den zweiten noch frisch ist?

Denn spätestens auf den fünften Blick
ist es letztendlich wieder so kumpanenhaft,
wie es bei uns schon auf den ersten war,
und man steht sich wieder verwirrt gegenüber.

Vielleicht liegt es aber auch nur am Wetter
oder am Noch-Nichts-Gegessen-Haben,
an einer leichten Tagesverstimmung
oder dem viel zu späten Start in den Tag,

vielleicht liegt es auch am März-Masochismus
oder einfach nur am Klar-Schiff-Machen,
bevor das Jahr, wenn auch verzögert, beginnt.
Ein sogenannter Frühjahrsputz des Gemüts.

Ode an die Affen

Affe, oh Affe,
du sonderbares Tier,
ich gaffe, ja ich gaffe
durch die Gitter rein zu dir.

Affe, oh Affe,
du schaust ziemlich dumm;
ich gaffe, ja ich gaffe
ganz genauso andersrum.

Affe, oh Affe,
wir haben diesen Hang:
Du gaffst und ich gaffe
und wir gaffen stundenlang.

Wir stehn uns gegenüber,
fast wie in einem Spiegel;
wer von uns ist klüger
und wer hinter Schloss und Riegel?

Wir stehn uns gegenüber,
manchmal hocken wir auch nur
und wir suchen eine Lösung,
doch wir finden keine Spur.

Wo ist die Verbindung
wie in der Theorie?
Gab es eine Abzweigung?
Vielleicht gab es sie nie.

Der Einheitsmensch

Ich bin der Einheitsmensch.
Man sieht mich an jeder Ecke,
wie ich den Gezeiten trotze
und reaktioniere.

Ich bin der Standardmensch.
Ich steh an jeder Ecke,
verrecke in den Grautönen
– die schönen (aus dem Radio).

Meine Gefühle sind
amtlich geprüft
und ich färbe mein Profil,
wie man es mir vorgibt.

Ich bin der Einheitsmensch.
Ich gehe samstags ins Stadion,
seit Jahren schon,
als Ersatzreligion.

Ich bin der Standardmensch,
wie er leibt und lebt,
spreche eine Einheitssprache
und höre den Normsender.

Meine Wünsche und Träume
sind aus dem Katalog
und ich gebe mich
den Tyrannen hin.

Meine Anteilnahme
ist portioniert
und stets für den
aktuellen Fall reserviert.

Des Imperators Trompeter

Ach, du gut erzogener Untertan. Wie
du auf den Wegen gehst, die der König
hat anlegen lassen. Huldigst dem
Imperator, der dir die Freiheit schenkt.

Du wohl erzogener Untergebener. Wie
du die Gedanken denkst, die beflügelt
wurden von den Trompetern auf den
hohen und gemauerten Türmen.

Ach, du gleichgeschaltetes Individuum.
Wie du tanzt im 4/4-Takt, die Einheits-
lieder singst mit Stolz auf deine
Zugehörigkeit zum Publikum.

Du selbstbestimmtes Rudeltier.
Wie du dich leiten lässt nach freiem
Willen, wie du dem Wandel trotzt.
Wie sexy du zu sein versuchst.

Ach, du selbsternanntes Alphatier.
Wie du deinen Kleiderschrank füllst
mit Uniformen. Wie du selbstbewusst
marschierst als unbewaffneter Legionär.

Du Krieger gegen die Natur. Wie du
kämpfst gegen die Freiheit der Gallier,
ihnen deine Lebensart
aufzwingst und sie assimilierst ...

... ans Imperium.

Nachtschicht

Maschinen donnern laut
in stillen Nächten,
durchbrechen beständig
die Stille der Nacht.
Der Abfall sammelt sich
in tiefen Schächten.
So bricht auch die Stille
der Fall in den Schacht.
So zeigt der Betrieb sich
fern von den Mächten,
auch fern der Natur,
die gleich nebenan wacht.
Fern von den Hallen
hat Schlaf grad Gewicht,
doch löst man bald ab
die grad schaffende Schicht.

So mancher steht da
und will einfach verdienen,
Kontrolle ist besser
als Hoffen allein.
Doch alles läuft glatt
und läuft stets auf den Schienen.
So läuft auch der Nachschub
die Halle hinein.
So schauen sie finster
auch drein mit den Mienen,
als hört es nicht auf
und würd weiter so sein.
Ganz unverhofft klopft es
dann an dem Tor,
die Sonne geht auf,
denn der Tag steht bevor.

Gewächshaus

Ein Abend ...

... mit wenig Begeisterung,
ein Gespräch über Pornografie.
Oder ging es um Fußball?
Wir waren mal anders.

Man kommt, man bleibt
und man geht wieder.
Dann ist etwas anderes,
ein Film im Fernsehen zum Beispiel.

Am nächsten Morgen dann,
nach dem Frühstück,
gehts ins Gewächshaus
nach den Pflanzen sehen.

Ein Morgen ...

... mit wenig Inspiration,
ein Gespräch übers Wetter.
Oder ging es um die Nachbarschaft?
Wir waren mal anders.

Man schmiert, man beißt ab
und man schaut aus dem Fenster.
Dann ist etwas anderes,
das Frühstücksfernsehen zum Beispiel.

Später dann am Morgen,
nach dem Frühstück,
gehts ins Gewächshaus
nach den Pflanzen sehen.

Aphorismen

Aphorismen – kurze Sätze.
Pseudointellektuelle
gieren nur (so wie ich schätze)
nach Beachtung auf die Schnelle.

Nur ein Satz ist viel zu kurz und
selten voller Inhalt, denn
Sachverhalt ist zu komplex. Grund
dafür ist, dass ich ihn kenn.

Vielleicht reichen kurze Sätze,
um den Eindruck nur zu schinden
und mal wieder (wie ich schätze)
wird die Qualität nur schwinden.

Das Licht scheint auf den Tisch

Nun, das Licht scheint von draußen
durch das Fenster auf den Tisch.
Plötzlich war es Frühling, wie ein
unverhofftes Geschenk ohne Grund.

Aber was ist das für ein Gefühl in dir,
was ist das für ein Elefant im Raum?
Wie ein Loch in deinem hübschen Verstand,
als wäre das nicht der richtige Ort für dich.

Kannst du den Klang von draußen hören,
von den vorbeifahrenden Autos, einsam,
von irgendwo nach irgendwo?
Sie suchen ihr Zuhause in der Bewegung.

Statik ist die neue Dynamik für dich
und du weißt, du musst es ändern,
aber du sitzt im Wohnzimmer,
während alle anderen tanzen.

Nun, das Licht scheint von draußen durch
das Fenster auf den Tisch. Es ist jetzt etwas
später, aber die Tage werden länger,
während die Statik zu Gast ist bei dir.

Aber was ist das für ein Klang in deinem Kopf,
was für ein hübscher Klang, wie Jazz,
wie eine gedankenlose Improvisation,
das ist der neue Sound, von dem alle reden.

Kannst du noch die Gedanken hören in deinem
Kopf, wie sie übers Wetter reden, über den
Straßenverkehr, Autos, Fußball, TV-Shows,
die Unterschiede zwischen Frauen und Männern?

Oder ist es ruhig, während der Jazz immer
noch in deinem Kopf klingt, während die Statik zu
Gast ist? Während kein Nachdenken vonnöten ist
und ein Licht scheint auf deinen Tisch.

Truck-Store

Mundharmonika in E-Moll ...
... und ich gehe entlang
alter, verzogener Schienen,
als führten sie zur nächsten
Geisterstadt.

Graue Pflanzen
ragen aus dem Kies.
Ein schweißnasser Bart
– ich fühle mich wie ein Cowboy.

Zeitsprung

Dort sehe ich dich
beim Truck-Store,
die Einzige
weit und breit.

Frühlingswind auf
schweißgetränkter Haut.
Alles an dir
fasziniert mich.

Zeitsprung

Jetzt sind wir ein Paar,
seit 110 Jahren schon,
und diskutieren über
eine neue Wandfarbe.

So unerträglich
aneinander gewöhnt,
vergeben wir uns
fast alles.

Zeitsprung

Die Wohlfühlzone beträgt
22 Quadratmeter
und der Wasserhahn tropft
leise aus dem Nebenzimmer.

Die Komplimente klingen
wie eine kaputte Schallplatte.
Wir vergeben uns
auch das.

Förderturm

Tausend bunte Lichter scheinen.
Nachts tobt still ein lauter Sturm.
Alte stehen da und weinen.
Stillgelegter Förderturm.

Zwischen all den heft'gen Stürmen
stehen Türme – weiter stark.
Weite Wiese zwischen Türmen.
Das, was blieb, ist nur ein Park.

Aus Beton stehn Fundamente.
Darauf stehen sie aus Stahl.
Und die Alten sind in Rente
– so wie man es ihn'n befahl.

Um sich dabei zu beraten,
schauen, was noch blieb davon,
ohne noch viel zu erwarten,
stehen sie dort beim Beton.

Schauen rauf zu *Stahl und Lichter*,
fluchen auf Veränderung.
Sehnsucht – traurige Gesichter.
Alles nur Erinnerung.

... Aus Beton stehn Fundamente.
... Darin stehen sie aus Stahl.

Nachtigall und Killervogel

Fasziniert von der Schönheit,
greifst du nach der Schreibmaschine
(die vom Flohmarkt)
und waltest deiner Eitelkeit.

Wo ist denn das Grobe,
das du verschwiegen hast
(das aus dem Alltag),
was manchmal um die Ecke guckt?

Schreib nicht nur von der Nachtigall,
schreib auch vom Raubvogel!
Komplettiere dein Bild
und finde die Welt darin!

Inspiriert von der Narzisse,
gibst du dich ganz königlich
(was dir nicht steht)
und machst dich lächerlich.

Schreib nicht nur vom Goldfisch,
schreib auch vom Hai!
Komplettiere die Partitur
und finde dich selbst darin!

Nimm Stift und Papier,
nicht Maschine und Band,
und sammel Ideen
wie Flaschenpfand!

Tintenfass läuft aus!

Ach, sag mir, was du meinst,
sag mir, wo du stehst,
sag mir, wer du bist.
Das Tintenfass läuft aus,

quer über das Papier,
und keiner, fast keiner
hat einen Tintenkiller.
Wir sprechen uns an,

doch verstehen uns nicht,
auf der Straße, im Trubel,
im Park und anderswo.
Ach, wie die Sprache doch

den Sinn verfälscht,
wir sind doch schlechte Übersetzer,
die ständig Wörterbücher brauchen.
Egal, wie laut wir schreien

– dem andern ins Gesicht,
er versteht es nicht,
er versteht es nicht.
Kannst du mich erkennen

durch des Nebels dichten Schleier,
der zwischen uns verweilt
und fast still steht in der Luft?
Ach, darum sag mir, was du meinst,

sag mir, wo du stehst,
und erkläre dich mir.
Kannst du mich ertasten,
wenn du direkt vor mir stehst,

wenn deine Hand die meine trifft
und den Nebel beiseite drängt?
Ach, wie schade ists ums Tintenfass
und um den Text darunter,

wenn wir wieder lauter reden.
Wo ist die Mitschrift? Das Protokoll?
Liegt es auf dem Tisch?
Ist es der Zettel

mit der Tinte darüber?
Ach, sag mir, was du meinst,
sag mir, was du meinst dazu.
Nenne mir deinen Standpunkt ...

... und die Weite deines Horizonts!

Fauler Mann auf Couch

Wer sonst ist authentisch,
in sich selbst,
in seiner Eigenart?

Wie er voller Inbrunst,
ungeachtet der Leistungs-
gesellschaft verweilt.

Wie ikonisch er posiert.
Wie er tapfer die Stellung hält
gegen den Kapitalismus.

Stolz wird er thronen,
auf die Leinwand gepinselt,
über unseren Köpfen im Louvre.

Man könnte so vieles sein,
wenn man nicht
immerzu man selbst wäre.

Und in tausenden von Jahren
wird er das Motiv
für ein Geschichtsbuch sein.

Rom

Viele Jahre unter Strom
schlagen aufs Gemüt.
Auch ein Umweg führt nach Rom.
Pflaster: – Mosaik.

Schlechter Mensch hat es da leicht.
Stille Wasser: – tief!
Dein Gewässer: – eher seicht!?!
Und dein Weltbild – schief.

Luftschloss – schwaches Fundament,
Strick um deinen Hals
und die Füße im Zement.
Einer jedenfalls.

Trotzdem rennst du einfach los.
Deine Beine schwer.
Deine Sehnsucht ist schon groß
– merkt man hinterher.

Erst wenn man zur Ruhe kommt.
Erst wenn es ruhig ist.
Still: ... Ruhe ...

Auch der Strick wird langsam eng,
Seil ist nicht sehr lang.
Einsam bist du selber streng,
ziehst allein am Strang.

Ruhe hast du nicht allein.
– Einsamkeit erschwert,
einfach völlig ruhig zu sein.
Ist sonst umgekehrt.

Also rennst du ohne Rast.
Der Beton geht los.
Frei bist du von deiner Last.
Deine Sehnsucht: groß.

Und schon merkst du langsam, wie
du dich selbst befreist.
Unbewusst, welch Ironie,
und der Strick zerreißt.

So viele Jahre unter Strom.
– plötzlich stehst du kurz vor Rom.
Fühlst dich glücklich,
lässt dich nieder.

Deine Sehnsucht kommt
nicht wieder.
Langsam merkst du, wie es ist:
dass du wieder am Anfang bist.

Großes Glück kann man nicht kaufen.
Bist jahrelang im Kreis gelaufen.
Am Ende stehst du am Anfang.

DU kommst zur Ruhe.
Es ist ruhig.
Still: ... Ruhe ...

Gesellschaftsbild

Großer Platz:
Post-Impressionistische
Nachtcafés.
People living faster at night!
Talking in the sense of
having sexual relations.
Betäubung durch Rausch,
die Sorgen unkenntlich gemacht,
also vergeh in der Nacht!
Wirrer regungsloser Trubel,
sitzen alle ganz gelassen,
reden alle durcheinander,
it's booze they choose.
That's how live should be:
easy going
und die Musik ist
easy-listening!
Geschirr klappert leise
durch ihr Gestammel in die Nacht.
C'est la vie ... oder so,
that's what they say.
Er sagt:
„Hey, Scusi, Mademoiselle!"
Sie sagt:
„Hello Señor!"
– So trifft man sich!
– In der Kulisse eines Tupf-Gemäldes!

Küss den Ring

Küss den Ring,
du schriller Vogel!
Dein Anzug spiegelt!
Dein Anzug macht dich unsichtbar!
Glätte dem System
die Wege!
Trete ein
in das Portal
mit den vielen Treppen davor,
mit vielen hohen Etagen,
auf Skyline und Mode getrimmt,
manchmal auch mit Pagen davor!
Spring mit auf,
du toller Hecht!
Dein Anzug spiegelt!
Dein Anzug macht
dich unsichtbar!
Handle dem Betrieb
zugute!
Handle stets,
wie es gehört,
dass das alles weiter besteht,
mit vielen hohen Etagen,
auf Länge und Breite getrimmt,
manchmal auch mit Pagen davor!

Ich und mein Zukunfts-Ich!

Ich und mein Zukunfts-Ich
sind manchmal vereint,
sind eine Existenz.
Ja, ja; so sind wir:
ziehn um die Häuser,
sind gemeinsam,
halten Händchen
– ganz verspielt.
– Hopsen herum,
wie Kinder der Romantik
auf Wiesen und auf Asphalt:
Ein bisschen urban
muss schon sein!
Ich und mein Zukunfts-Ich
– verstehen uns gut,
helfen einander
und machen uns Mut!
Ich und mein Zukunfts-Ich
mögen uns sehr;
hatten Probleme,
doch die sind
nicht mehr!
Ich und mein Zukunfts-Ich
bleiben uns treu,
egal, was passiert,
denn zusamm sind
wir neu!

Freitagabend

Feuerwerk.
Füße auf dem Tisch.
Flasche Bier.
Celebrate life!
Knaller in der Ferne.
Film. Auf dem Bildschirm.
Freitagabend.
Jubel in der Ferne.
Musik, die alt klingt.
Kein Gruppenzwang.
Nicht heute.
Auto fährt vorbei.
Jemand ist unterwegs.
Ich nicht.
Intrigen im Film.
Jeder ist der Beste
im Film, in irgendwas,
jeder ist Spezialist
im Film.
Wieder Feuerwerk.
Nur kurz.
Wieder Film.
Blick auf den Bildschirm.
Freitagabend.

Verschärft

Du stichst mir
ein Messer
in mein Herz
und ich bin dankbar
dafür, dass du es
vorher geschärft hast,
denn so geht
es leichter rein
und wieder raus.
Ich gehe in die Knie
und kippe zur Seite
auf die Couch
und bleibe liegen
für Monate.

Du implodierst!

Ich seh dich an und fühl den Frieden,
den du ständig absorbierst,
die Wellen und die Teilchen fliegen,

weil du dich für nichts genierst.
Wenn ich wieder weg seh,
fühle ich die Einsamkeit,

wenn ich dich nicht mehr anschau,
fehlt mir jegliches Geleit.
Ich red mit dir und zähl Gedanken,

die du ständig kumulierst,
wie du sie ständig weist in Schranken,
bis du schließlich implodierst,

rufst zu neuem Urknall auf,
wenn dein Fass dann überläuft,
reckst dich hoch zum Himmel rauf,

so hoch du die Gedanken häufst.
Bist dein eignes Universum,
ohne Regeln, einfach so,

bist dein eigner Kosmos,
darum bist du immer froh,
tief in dir selbst, in deiner Mitte,

weshalb du stets zufrieden bist,
in deinem Film gibts keine Schnitte,
weil alles einfach einfach ist.

Leer

Leer,
ziemlich leer.
Hirn und Gemüt
sind leer.
Verstand und Vernunft
sind leer.
Eine Schachtel voll Ideen
ist leer.
Gedanken und Träume
sind leer.
Fantasie
ist leer.
Blaupausen
sind leer.
To-do-Liste
ist leer.
Pinnwand
ist leer.
Postfach
ist leer.
Leer,
ziemlich leer.

Weltfoto

Ich möchte gern ein Foto machen,
das die Welt im Ganzen zeigt,
auf dem sie alle fröhlich lachen,
stets dem Guten zugeneigt.
Ich möchte kein Gemälde malen,

das die Welt illusioniert,
den Preis für teure Farben zahlen,
dass die Welt sich selbst frustriert.
Das Weltbild braucht auch keinen Rahmen,
der der Welt die Grenzen zeigt.

– Das Bild, das braucht auch keinen Namen,
ist man dem Guten zugeneigt.
Nur hat ein Bild zwei Dimensionen
und die Welt hat durchaus mehr.
– So kann man sich auch durchaus schonen.

– Malen wäre eh zu schwer.
So KANN man nur ein Abbild machen,
das die Welt im Ganzen zeigt,
auf dem sie alle fröhlich lachen,
stets dem Guten zugeneigt.

Vor dem Fenster

Schöne Welt da draußen,
vor dem Fenster, vor dem Zimmer.
– kenne sie von außen,

doch noch besser, das geht immer;
drum muss ich nach draußen gehen
und sie besser kennenlernen,

noch ein bisschen mehr verstehen
und noch etwas mehr umschwärmen.
Schöne Welt da draußen,

vor dem Fenster, vor dem Zimmer.
– kenne sie von außen;
noch ne Ecke gibt es immer.

Zeit zu gehen

Wenn der Geruch vom Kiosk
aus Süßigkeiten und Zigaretten
nach Veränderung riecht,
ist es Zeit zu gehen.

Wenn der Blumenladen
in der Nachbarschaft
pleite geht und schließt,
ist es Zeit zu gehen.

Wenn die Gedanken
in den leeren Straßen
geistlos werden,
ist es Zeit zu gehen.

Wenn der Horizont
ein Wetter verspricht,
das lange auf sich warten ließ,
ist es Zeit zu gehen.

Wenn alle schon fort sind
und nur du alleine noch
in Bequemlichkeit verharrst,
ist es Zeit zu gehen.

Wenn die Straßen leer sind,
wie in einer Geisterstadt,
keiner mehr deinen Weg kreuzt,
ist es Zeit zu gehen.

Wenn der Regen bereits
eine Metapher in sich birgt,
die unübersehbar scheint,
ist es Zeit zu gehen.

Wenn jedes Gespräch
nach Veränderung schreit
und vor der Torheit warnt,
ist es Zeit zu gehen.

Wenn im Fernsehen schon
die vierte Wiederholung läuft
und man die Dialoge schon
mitspricht, ist es Zeit zu gehen.

Wenn du an nichts anderes
mehr denken kannst
und die Zeilen die Ordnung
verlieren, ist es Zeit zu gehen.

Wenn ein Gedicht nicht mehr
reicht, um das Gefühl zu
beschreiben, dann ist es
definitiv Zeit zu gehen.

Tagesgleichgewicht

Ein Seufzen verhallt im Raum.
Der Moment ist ungewiss,
ereignet sich,
bemisst sich an keinem Maßstab,
genügt sich selbst.
Der Kaffee ist kalt.
Unvollendeter Dinge
liegt die Oberflächenspannung,
als könnte man
Schlittschuh darauf laufen.
Die Stille schmeckt nach Glück.
Der Moment ist gleichgültig,
fügt sich der Routine
in angenehmer Stille,
in Wohlgefallen.
Der Zettel ist gefüllt.
Vollendeter Dinge
liegt er waagerecht auf dem Tisch
und zeugt von den Heldentaten
eines Tages im Gleichgewicht.

Over and out!